9.

LETTRE PASTORALE

DE MONSEIGNEUR

L'ÉVÊQUE DE BAYEUX & LISIEUX

SUR LES INÉGALITÉS SOCIALES

ET MANDEMENT

POUR LE CARÊME DE L'AN DE GRACE 1884

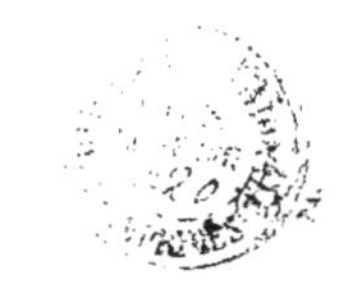

BAYEUX

TYPOGRAPHIE O. PAYAN, IMPRIMEUR DE Mgr L'ÉVÊQUE

—

1884

LETTRE PASTORALE

DE MONSEIGNEUR

L'ÉVÊQUE DE BAYEUX & LISIEUX

SUR LES INÉGALITÉS SOCIALES

ET MANDEMENT

POUR LE CARÉME DE L'AN DE GRACE 1884

FLAVIEN-ABEL-ANTOINE HUGONIN, par la Miséricorde divine et l'autorité du Saint-Siége Apostolique, Évêque de Bayeux et Lisieux,

Au Clergé et aux Fidèles de notre diocèse, Salut et Bénédiction en N. S. J.-C.

La guerre à outrance que poursuivent contre la Religion les athées de notre époque a effrayé des hommes sérieux, des philosophes et des publicistes ; ils se sont demandé quelles bases nouvelles on donnerait à l'ordre social après lui avoir enlevé celles qui le soutiennent depuis l'origine de la civilisation : ce que serait un peuple sans Dieu, sans croyances religieuses et sans culte ; quelle morale on pourrait déduire d'une science purement positive ; comment le problème de la fin de l'homme, si décisif pour la direction de sa vie, serait résolu dans l'hypothèse où l'âme humaine ne serait qu'une résultante des forces physiques de la nature ; que deviendrait dans cette hypothèse sa personnalité, sa dignité ? Et, si sa personnalité venait à disparaître, quel serait le fondement possible de tout droit et de tout devoir ?

Nous vous avons montré l'année dernière que ces craintes étaient fondées. Nous avons établi que la substitution des sciences positives à la Religion était impraticable, parce que si les enseignements et la pratique de la Religion sont accessibles à tous, la science positive ne l'est qu'à un petit nombre ; que la science positive, dont nous reconnaissons la valeur et la puissance dans le domaine des sciences naturelles, est absolument impuissante à nous fournir le principe de l'obligation morale, en sorte qu'elle abandonne l'homme aux caprices de ses instincts et aux entraînements de ses passions ; que la fin qu'elle assigne à la vie humaine est absolument arbitraire et fantaisiste, et sans aucune influence sur les libres déterminations de la volonté.

Nous désirerions, cette année, continuer cette étude, en vous exposant, aussi brièvement qu'il nous sera possible, ce que fait la Religion et ce que peut faire l'athéisme en présence du grand péril social de l'heure présente, c'est-à-dire en présence de l'antagonisme des classes au sein de la société.

I.

Il ne suffit pas, N. T.-C. F., pour faire disparaître cet antagonisme dangereux, d'enseigner dans des manuels civiques, aux générations nouvelles comme un dogme indiscutable et de persuader aux honnêtes ouvriers de nos villes et de nos campagnes que la France de saint Louis, de Henri IV et de Louis XIV gémissait sous le plus odieux despotisme avant le 4 août de l'année 1789; que la déclaration des *Droits de l'homme* a opéré en elle une soudaine transformation; que les fers de sa servitude ont été brisés, ses enfants rendus à la liberté, à l'égalité et à la fraternité; et que les glorieux principes de cette déclaration ont ouvert dans le monde une ère de paix et de prospérité. Nous n'avons pas à justifier la France de nos aïeux contre des diffamations calomnieuses dont s'indigne notre patriotisme. La science accomplit cette tâche. Nous ne répudions pas l'égalité devant la loi; nous en réclamons la loyale application à tous sans exception. Mais on ne peut nier que l'égalité devant la loi n'a pas amené l'égalité dans la fortune, dans les honneurs, dans le pouvoir et dans les jouissances. Aujourd'hui encore, il y a des riches et il y a des pauvres; il y a des puissants et des faibles, des heureux du siècle et des déshérités de la fortune, des ouvriers et des capitalistes: les inégalités n'ont pas été comblées par une plus grande fraternité. Au contraire, aujourd'hui plus que jamais, elles excitent l'envie; l'envie engendre la haïne, et la haine une sourde et implacable hostilité. Deux fois, dans notre seul pays, en moins d'un demi-siècle, cette haine a éclaté en guerres fratricides qui ont couvert la France d'un voile de deuil. Cette haine, elle n'est pas moins forte aujourd'hui qu'elle ne l'était en 1848 ou en 1870. Tantôt, du sein de la multitude, surtout de celle qui s'agite dans nos grandes cités, s'échappent des plaintes et des gémissements qui nous émeuvent de pitié; tantôt ce sont des cris de colère qui nous remplissent d'effroi.

Que fait la Religion, N. T.-C. F., que fait l'athéisme pour

détourner le péril que nous signalent les publicistes de toutes les écoles et les politiques de tous les partis ? La destruction de la Religion et le triomphe de l'athéisme apporteront-ils un remède efficace au mal redoutable qui gagne la société tout entière ? Telle est la question que nous allons examiner.

II.

Les inégalités sociales ont plusieurs causes et sont de différentes natures.

Il en est qui dérivent des inégalités individuelles. Tous les hommes ne naissent pas avec le même talent, la même force, la même intelligence ; il en est qui sont doués d'un esprit plus ouvert, d'une volonté plus énergique, qui s'élèvent au-dessus de la foule par des aptitudes et des efforts personnels, qui acquièrent plus d'influence, plus d'autorité, plus de fortune, et qui constituent de tous ces biens une sorte de patrimoine de famille, qui se perpétue et se transmet par l'hérédité.

Il est d'autres inégalités qui résultent de l'organisation de la société. Une société ne peut exister sans gouvernement, sans administration, sans magistrats, sans force publique, en un mot sans une hiérarchie sociale.

Il est vrai, N. T.-C. F., que nous ne condamnons pas ces inégalités, parce qu'elles sont légitimes et providentielles, parce qu'on ne peut les détruire sans renverser l'ordre social et sans attaquer les individus dans leur liberté, dans leur dignité et dans l'inviolabilité de leur personnalité. De quel droit limiterait-on le pouvoir que possède chaque individu d'accroître sa fortune et son influence par des moyens légitimes ? Le gouvernement qui poserait de telles limites à la liberté ne serait-il pas le plus despotique des

gouvernements ? Il serait en même temps le gouvernement le plus
funeste, parce qu'il supprimerait l'aiguillon le plus puissant qui
secoue la paresse de l'homme et l'excite au travail, et qui est,
par suite, la cause la plus efficace de la fortune publique.

Mais il est des inégalités qui ne sont ni la conséquence des inégalités naturelles, ni la suite nécessaire de l'organisation sociale :
des inégalités excessives, humiliantes, douloureuses ; des inégalités
qui mettent en opposition l'opulence et la misère, la jouissance
sans frein et l'extrême dénûment, les ressources d'une fortune
inépuisable et le paupérisme, cette plaie hideuse de nos sociétés
modernes ; des inégalités qui n'entrent pas par conséquent dans
l'ordre providentiel, que l'homme peut combattre, que sa pitié
doit au moins adoucir. Ces inégalités ont une double origine.

Si l'homme est fait pour la société, si c'est par elle qu'il se
conserve et se perpétue, si la société domestique, où il prend
naissance et qui environne son enfance de la plus tendre sollicitude,
est souvent incapable de pourvoir à tous ses besoins ; si la société
civile est souvent nécessaire pour défendre et protéger ses droits,
pour maintenir la justice et la paix entre les familles : s'il est par
suite naturellement porté à l'instituer, cette institution est l'œuvre
de sa libre volonté, il en est l'auteur et le législateur. Dieu n'a
imposé aux peuples aucune forme de gouvernement, il ne leur a
révélé aucun système économique ; il a laissé ces choses à la libre
discussion de l'homme, sans pourtant abandonner la souveraineté
dont il ne peut se départir et qu'il exerce sur le monde entier par des
voies mystérieuses et souvent incompréhensibles à nos faibles intel-
ligences. Faut-il dès lors s'étonner si cette œuvre purement humaine
renferme des imperfections, et si ces imperfections produisent par-
fois des conséquences malheureuses qui aggravent les inégalités
sociales et les rendent dures et intolérables. Prenons un exemple

pour mieux faire comprendre notre pensée. On se préoccupe aujourd'hui de la condition des ouvriers, de l'hostilité qu'ils manifestent contre les patrons qui les emploient. Si nous en croyons de savants économistes, les législateurs du commencement de ce siècle se seraient mépris sur les conséquences de l'abolition pure et simple des corporations. Ils avouent que cette abolition s'imposait comme une nécessité inévitable; mais, en même temps, ils estiment qu'il était imprudent d'abandonner l'ouvrier à lui-même, sans appui et sans défense; qu'il y a par conséquent une situation à réformer. « Aujourd'hui , » dit l'un d'eux qu'on ne peut accuser de partialité pour les institutions chrétiennes, « aujourd'hui chacun est libre, mais isolé; chacun se fait sa destinée, mais il n'a plus ces institutions salutaires qui l'abritaient et le soutenaient, la commune et la corporation. Chacun peut monter au faîte sans que rien ne l'arrête, mais aussi tomber dans un dénûment absolu sans que rien ne l'en tire. L'un par son travail, son habileté, sa prévoyance ou sa bonne chance arrive à l'opulence ; l'autre, par sa paresse ou par accident, reste ou retombe dans la misère. L'inégalité des droits ne sépare plus les classes fermées, où on se résignait à demeurer parce qu'on n'en pouvait sortir, mais l'inégalité des richesses n'en subsiste pas moins entre des catégories qui s'en irritent, parce qu'elles envient tout ce qui s'élève au-dessus d'elles. »..... « La grande industrie, » dit encore le même auteur, « a établi entre le maître et l'ouvrier une distance immense. Autrefois, tous deux travaillaient côte à côte et vivaient de la même vie ; aujourd'hui, le maître dispose d'un capital énorme et fait partie des classes supérieures. Les ouvriers sont groupés autour d'une vaste machine qui fournit la force motrice ; cela produit une séparation, une hostilité inconnue autrefois. »..... « En résumé, » ajoute-t-il, « voici le sort que l'industrie moderne a fait aux artisans :

elle les a arrachés à l'étreinte des corps de métier, elle les a groupés en certains centres et autour des machines ; elle a augmenté leurs salaires, mais en même temps elle leur a donné des besoins nouveaux, et les a exposés, sans défense, à toutes les fluctuations du monde des affaires, si bouleversé par les transformations industrielles et par les crises commerciales (1). »

Nous n'avons pas à nous prononcer sur cette critique du nouveau système économique que les circonstances plus encore que la volonté des hommes ont fait prévaloir parmi nous. Mais, si cette critique est fondée, si la condition des artisans dans les sociétés modernes est défectueuse, c'est une tâche digne des savants et des politiques de travailler à l'améliorer, en arrachant les ouvriers à leur isolement et en leur donnant l'appui qui leur est nécessaire.

Ces problèmes, il est vrai, ne sont pas de la compétence de l'Eglise ; elle n'a pas mission de réformer le système économique accepté dans une nation, ni les institutions sociales qu'elle s'est données. Mais il est faux, comme on l'en accuse, qu'elle soit hostile aux sciences qui préparent ces réformes salutaires. Elle les encourage au contraire, elle en établit l'étude dans les Instituts catholiques, elle en favorise les progrès en écartant de ses recherches les passions qui obscurcissent la vérité, qui troublent et égarent les esprits, en unissant, en un mot, les efforts de tous pour résoudre dans la concorde et dans la paix ces questions redoutables, dont la solution importe si fort à la prospérité des peuples.

Mais il est une cause plus féconde et plus triste des misères populaires, une cause qui porte ses ravages dans les sociétés les mieux organisées. C'est la corruption de la nature humaine, c'est le vice ; c'est la paresse, l'intempérance, l'imprévoyance, la dissipation chez le pauvre ; c'est le luxe effréné, la cupidité et l'égoïsme

(1) LAVELEYE, *Revue des Deux-Mondes.* 15 Juillet 1871.

dans le riche ; c'est dans les uns et les autres la fièvre des jouissances sensuelles, le mépris de la justice, l'absence de la charité, toutes passions qui excitent la jalousie du pauvre à l'égard du riche, qui inspirent le mépris du riche à l'égard du pauvre, qui nourrissent dans une nation l'hostilité des classes les unes contre les autres, qui fomentent les dissensions, qui affaiblissent le patriotisme, qui relâchent ou brisent les liens de la bienveillance sociale et portent atteinte à l'unité nationale. Contre ce mal, l'habileté des politiques, la science des économistes sont impuissantes. La Religion seule possède le remède qui peut le guérir, ou du moins en prévenir ou en diminuer les funestes effets.

Et d'abord, elle attaque le mal dans sa racine : sa mission n'est-elle pas de purifier les âmes; de leur révéler la difformité du vice et les charmes de la vertu ; de leur distribuer la grâce de Jésus-Christ qui régénère et qui sanctifie; d'inspirer aux hommes la modération dans les désirs, l'estime du devoir, le respect de l'autorité de la conscience ; de leur faire comprendre l'excellence de l'abnégation et goûter les douceurs secrètes, mais ineffables du dévouement. Un illustre publiciste a consacré une immense érudition et une longue expérience à démontrer que les peuples les plus prospères sont ceux qui observent le plus fidèlement les commandements de Dieu et de l'Eglise. Si les passions mauvaises étaient réprimées et les vertus chrétiennes pratiquées, les misères de l'humanité seraient tolérables, et celles qui ne seraient point supprimées, suffisamment soulagées.

Malheureusement la voix de la Religion n'est pas toujours écoutée, tous les hommes n'obéissent pas à ses préceptes, tous n'acceptent pas les secours qu'elle leur offre; il y a encore des injustes, des hommes avides de jouissance, des orgueilleux et des cupides, des intempérants et des voluptueux. Cette source abondante de souffrances n'est pas encore tarie, et il est bien à craindre qu'elle ne le soit jamais. La Religion n'abandonne pas les malheureux qu'elle n'a pu arracher aux privations de la pauvreté. Qui pourrait dire tout ce qu'elle a fait pour leur soulagement ? C'est elle qui a élevé des hospices pour les malades et les infirmes, des asiles pour les vieillards et les orphelins abandonnés ; c'est elle qui a créé ces familles religieuses, où l'on renonce à toutes les jouissances et à tous les honneurs du monde pour devenir les serviteurs des pauvres, des infirmes, des malades les plus délaissés, les éducateurs de l'enfance, les consolateurs de toutes les tristesses, où l'on se dévoue sans réserve et pour la vie entière aux œuvres de charité et de miséricorde, sans autres espérances que celles du ciel : admirables institutions sans modèles et sans imitateurs en dehors du Christianisme, et pourtant si indignement méconnues, si odieusement signalées à l'indignation populaire comme un péril social.

Mais la Religion fait plus encore pour le pauvre : elle voit en lui une âme immortelle, image vivante de son créateur, rachetée et purifiée par le sang de J.-C., le serviteur de l'homme, son ami, son frère, un autre lui-même. Elle a recueilli pieusement, et elle conserve dans son souvenir les étonnantes paroles du maître: « *tout ce que vous ferez au plus petit de ceux-ci, vous le ferez à moi-même* » elle garde encore avec reconnaissance celles-ci, que Jésus-Christ prononcera au grand jour de sa justice: « *J'avais faim, et vous m'avez donné à manger ; j'avais soif, et vous m'avez donné à boire ; j'étais nu, et vous m'avez donné des vêtements ; j'étais captif, et vous m'avez visité… Toutes les fois que vous avez fait ces choses à l'un des miens, vous l'avez fait à moi-même.* » En vertu de ce principe, l'amour que la Religion a pour J.-C., elle le reporte sur le pauvre souffrant. Là est le secret du dévouement qu'elle lui témoigne, de l'affection qu'elle lui porte, des sollicitudes dont elle l'environne. Elle l'aime d'un amour tendre et généreux, elle le respecte, elle proclame sa dignité et elle lui assigne un rang distingué dans la Société chrétienne. Le pauvre n'est pas pour elle un être dégradé, un homme voué sans espoir à une fatale et lamentable destinée ; il devient à ses yeux enfant de Dieu, frère de Jésus-Christ, cohéritier de ce royaume que le fils de Dieu a conquis par ses humiliations, par ses souffrances et par sa mort. Il peut, du sein de sa détresse, lever les regards vers le ciel, et, plein de confiance, invoquer celui qui permet les épreuves de la vie présente, mais qui réserve une récompense éternelle à ceux qui les auront supportées avec patience et résignation.

Ainsi, N. T.-C. F., l'Église respecte les inégalités sociales légitimes, nécessaires, parce qu'elle respecte la liberté et l'ordre providentiel.

Elle n'a pas mission de supprimer celles qui dérivent de l'imperfection des systèmes économiques, mais elle en favorise la réforme en diminuant les rivalités qui les aggravent.

Elle travaille à détruire celles qui naissent de la corruption de l'homme et qui déshonorent l'humanité en même temps qu'elles lui infligent de cruelles souffrances.

Enfin, les misères qu'elle ne peut guérir, elle les soulage et les sanctifie ; elle les honore et les aime. Elle console ceux qui les endurent, en leur montrant la croix de Jésus-Christ et en leur entrouvrant les portes du ciel.

III.

Voici, N. T.-C. F., ce que la Religion a fait et ce qu'elle fait encore pour supprimer, ou du moins pour adoucir ce que les inégalités sociales peuvent avoir d'injuste et d'humiliant.

Et maintenant, nous avons le droit d'interroger les sectaires de l'athéisme, à quelque degré qu'ils professent leur doctrine. Quelles sont leurs œuvres ? Qu'ont-ils fait pour diminuer ou soulager les souffrances de l'humanité? Quels établissements charitables ont-ils fondés ? Où est leur saint Vincent-de-Paul? Quels héros du dévouement ont-ils produits? Que peuvent-ils opposer à nos Sœurs de charité, aux petites Sœurs des pauvres, aux Religieuses garde-malades, aux Frères de Saint-Jean-de-Dieu et de la Doctrine Chrétienne, et à tant d'autres? Par qui remplaceront-ils ces armées de Religieux et de Religieuses qui consument leur vie au service des pauvres, des vieillards et des enfants? Ils nous promettent qu'une fois l'humanité purgée de ce qu'ils appellent les *niaises superstitions*, c'est-à-dire lorsque tout homme aura étouffé dans son cœur la foi en un Dieu créateur, lorsqu'il cessera de fléchir le genou devant sa majesté souveraine, d'implorer sa paternelle bonté, d'avoir confiance en sa Providence, un immense progrès aura été accompli. Mais où sont les garanties de ces belles promesses? La simple parole de ces nouveaux apôtres prévaudra-t-elle contre des faits éclatants, incontestables et innombrables? Depuis dix-huit siècles, la Religion est la bienfaitrice de l'humanité ; ses bienfaits remplissent le temps et l'espace ; toutes les fureurs de ses ennemis n'ont pu en faire disparaître les témoignages authentiques; les sectaires de l'athéisme affirment, au contraire, qu'elle dégrade l'humanité et la tient dans une servitude humiliante , et je les croirais sur leur seule affirmation !

Quelle idée nous donne la doctrine des athées de la condition du pauvre , de celui qui est faible et qui souffre? Elle nous apprend qu'une loi fatale préside à sa destinée et elle l'enferme dans les limites étroites de la vie présente. D'après eux, les hommes sont jetés par la nature dans une lutte terrible et inévitable; les uns sont vainqueurs, les autres sont vaincus ; les uns triomphent, les autres sont écrasés. C'est par la victoire des uns et l'anéantissement des autres que l'humanité se purifie, se perfectionne et s'avance dans la voie du progrès. Le malheureux est rejeté de son sein comme un obstacle qui s'oppose à sa marche progressive.

Et maintenant, N. T. C. F., la conséquence de cette instruction est facile à déduire. La Religion et l'athéisme sont en présence, et se livrent une guerre qui doit être décisive ; il s'agit de savoir si la Société chrétienne sera anéantie, et si, sur ses ruines, s'élèvera une société nouvelle affranchie de toute croyance et de toute pratique religieuse. L'issue de la lutte ne serait pas douteuse, si l'athéisme qui s'affirme dans les livres et les discours publics s'affirmait également devant nos populations, s'il se présentait à elles dans sa repoussante nudité. Mais il s'enveloppe d'un appareil scientifique qui séduit ; il parle de la nécessité de l'instruction qu'il veut substituer à la Religion, comme si l'une excluait l'autre ; de liberté, de neutralité, de superstition, de la triste condition de nos pères ; il exalte comme des héros ceux qui ont profané et fermé nos églises après avoir envoyé les prêtres à l'échafaud ou dans l'exil ; rarement il produit devant nos populations ses véritables doctrines. Comme il dissimule ses doctrines, il ne manifeste qu'avec réserve le but qu'il se propose. Supprimer le culte public, paraîtrait aux athées de notre temps une mesure trop violente, inopportune, dangereuse, capable de provoquer une crise qui compromettrait le succès de leur entreprise. Des moyens plus modérés leur paraissent plus efficaces : il faut, à leur avis, affaiblir le sentiment religieux, pervertir les âmes, soustraire les nouvelles générations, autant du moins qu'il est possible de le faire, aux influences religieuses, et attendre que les forces de l'église soient épuisées pour frapper le coup décisif.

Que d'auxiliaires se ménage l'athéisme par cette prudente modération ! Combien d'hommes qui ne voudraient ni proscrire le prêtre, ni le réduire à la mendicité, ni abolir le culte catholique, mais qui se prêteront à entraver le recrutement du clergé, à mettre des obstacles à l'exercice de son ministère, qui verront sans trouble et sans douleur les religieux chassés de leur demeure, le Catéchisme exclu de l'école et quelquefois déchiré avec mépris comme un mauvais livre, les emblêmes de la Religion enlevés et traités comme des objets séditieux. Nous les comparerions, ces hommes, à des soldats qui prétendraient garder la neutralité, parce qu'ils ne bombardent pas une place assiégée, parce qu'ils ne montent pas à l'assaut pour s'en emparer, mais qui consentent sans scrupule à détruire les forts extérieurs qui la défendent, à déblayer le sol pour que l'armée véritable puisse marcher en avant et accomplir son œuvre de destruction. Par une illusion difficile à comprendre, ou par une dérision plus étrange encore, ils protestent de leur bienveillance pour la Religion, ou du moins de leur neutralité impartiale, et, par le fait, ils combattent dans les rangs de l'ennemi dont ils encouragent les efforts.

Pour vous, N. T.-C. F., vous ne vous laisserez pas séduire par des illusions si grossières. Non seulement vous conserverez votre foi intacte dans vos cœurs, mais vous la protégerez dans vos familles, vous la cultiverez dans vos enfants, vous la professerez hautement par vos actes, sans vous abandonner jamais aux indignes défaillances du respect humain. Pendant cette sainte quarantaine, vous serez plus fidèles à assister aux offices de votre paroisse, à entendre la parole de Dieu, qui vous sera distribuée avec plus d'abondance, et surtout vous ne laisserez pas s'écouler le Carême sans vous réconcilier avec Dieu, et sans vous préparer sérieusement à l'accomplissement de votre devoir pascal. Soyez de vrais et fidèles chrétiens, et votre conduite sera la plus éloquente apologie et la meilleure défense de la Religion qu'on se flatte d'anéantir.

A CES CAUSES,

Et après en avoir conféré avec nos Vénérables Frères, les Doyen, Chanoines et Chapitre de notre Insigne Église Cathédrale,

Nous avons ordonné et ordonnons ce qui suit :

Article Ier.

En vertu d'un Indult, en date du 24 janvier 1883, nous permettons l'usage des aliments gras les dimanche, lundi, mardi et jeudi de chaque semaine, jusqu'au jeudi de la Passion inclusivement. Les personnes astreintes au jeûne, ou qui n'en seraient pas légitimement dispensées, ne pourront faire usage de cette permission qu'une fois par jour, excepté le dimanche.

L'usage de la viande et du poisson dans un même repas est interdit par le bref apostolique, même le dimanche.

Article II.

Nous permettons l'usage des œufs, excepté le Mercredi des Cendres et les deux derniers jours de la Semaine sainte.

Article III.

Nous autorisons, à la collation, l'usage de tous les aliments maigres, excepté les œufs et le poisson. Nous étendons ces adoucissements aux autres jeûnes de l'année.

Article IV.

Messieurs les Curés, les Supérieurs des séminaires et des maisons religieuses, les Chapelains des communautés, les Aumôniers des hôpitaux et des prisons, et enfin les Confesseurs pour leurs pénitents, sont autorisés à accorder des permissions plus étendues aux personnes infirmes, et à ceux de leurs paroissiens ou pénitents qu'ils jugeraient en avoir besoin.

Article V.

Aux termes de l'Indult précité, Notre Saint-Père le Pape prescrit à tous les fidèles qui profiteront des permissions portées aux articles précédents, de faire, à titre d'aumône, une offrande proportionnée à leurs facultés en faveur de nos établissements diocésains. Nous recommandons à MM. les Curés d'avertir les fidèles que cette offrande est de stricte obligation, comme une juste et légère compensation de l'atteinte portée aux lois de l'Église. Le produit intégral de ces aumônes sera adressé au Doyen du canton, pour être transmis au Secrétaire général de l'Évêché, chargé d'en tenir note.

Article VI.

Indépendamment de l'aumône prescrite par l'article V, il sera fait, le jour de Pâques, à la messe et aux vêpres, une quête pour les besoins de nos petits Séminaires. Cette quête pourra avoir lieu à domicile dans les paroisses où MM. les Curés jugeront ce mode plus efficace et plus convenable. Le produit intégral de ces collectes sera adressé au Secrétariat de l'Évêché par l'intermédiaire de MM. les Doyens.

Article VII.

En renouvelant nos sincères remerciements aux dames charitables qui composent la pieuse association formée pour l'Œuvre des petits Séminaires, nous les exhortons à solliciter, avec un nouveau zèle, les offrandes des fidèles, d'où dépend la perpétuité du Sacerdoce.

Article VIII.

Nous accordons à tous les fidèles la permission de s'adresser, pour la confession annuelle, à tous les prêtres approuvés dans le Diocèse ; mais la communion pascale devra toujours se faire dans l'église paroissiale, à moins qu'on n'en soit légitimement dispensé.

Article IX.

Nous exhortons MM. les Curés à faire publiquement, et autant que le permettront les circonstances de temps et la nature des lieux, la prière du soir pendant le Carême, et nous les autorisons à donner, à la suite de ces pieux exercices, la bénédiction du Saint-Sacrement avec le saint Ciboire, tous les dimanches et chacun des jours de la semaine où il aura été fait une instruction.

Article X.

En vertu d'un Indult apostolique du 22 novembre 1882, nous permettons, pour cette année, aux fidèles de ce Diocèse d'user d'aliments gras le samedi (1).

Cette permission ne s'étend pas aux samedis de Carême, non plus qu'aux samedis de l'année où le jeûne est d'obligation.

Article XI.

En vertu d'un autre Indult du 1er février 1882, nous leur accordons, pour cette année, la même autorisation pour les trois jours des Rogations, et le jour de Saint-Marc (25 avril).

Ces Indults nous prescrivent d'exhorter les fidèles qui useront de ces priviléges, à suppléer, par des œuvres pieuses et par des aumônes, à l'observation de l'abstinence dont ils sont dispensés.

(1) Pour ce qui concerne cet article, rien n'est changé à l'ordonnance de Mgr DIDIOT, en date du 16 septembre 1863, qui réserve à l'autorité diocésaine la faculté de dispenser les Ecclésiastiques et les Membres des communautés religieuses de l'abstinence du samedi. — La même réserve n'existe pas pour l'article XIme.

Article XII.

Nous nous proposons, avec l'aide de Dieu, de continuer, après Pâques, la visite du Diocèse, en parcourant successivement les divers cantons des arrondissements de Vire et de Pont-l'Evêque.

MM. les Curés des paroisses où auront lieu les stations de Confirmation, seront ultérieurement prévenus de l'époque de la visite.

Et sera notre présent Mandement lu et publié au prône, dans toutes les églises et chapelles publiques de notre Diocèse, le Dimanche de la Quinquagésime.

Donné à Bayeux, sous notre seing, le sceau de nos armes et le contre-seing du Secrétaire général de notre Évêché, le 15 février 1884.

✝ **FLAVIEN,**

Évêque de Bayeux et Lisieux.

Par Mandement de Monseigneur :

J. HUGONIN,

Ch., Secrétaire général.

NOTA.— Cette année, comme les années précédentes, une Conférence sera faite pour les hommes tous les mercredis soir, dans l'église Notre-Dame de Caen. Nous recommandons instamment cette œuvre au zèle et aux prières des fidèles.

Bayeux. — Typographie OCTAVE PAYAN, imprimeur de Mgr l'Évêque.